AMAZON

El gigante del comercio electrónico

Por Myriam M'Barki
Traducido por Laura Bernal Martín

Economía y empresa 50MINUTOS.es

LAS CLAVES PARA EL ÉXITO

Adam Smith

El principio de Pareto

El estrés laboral

La pirámide de Maslow

www.50minutos.es

AMAZON

En menos de dos décadas, Amazon se ha convertido en el líder mundial del comercio en línea. La empresa, catapultada al primer plano, forma parte hoy en día de los «Big Four» (los cuatro grandes de internet) junto con Apple, Google y Facebook. Desde su salida a bolsa en 1997, su capitalización bursátil ha pasado de 148 millones de dólares a más de 200 mil millones de dólares en julio de 2015. A Amazon, una empresa tan cortejada como criticada y un modelo de éxito económico por excelencia, no le tiembla el pulso a la hora de hacerse con las herramientas necesarias para imponer su supremacía. Ante una competencia cada vez más dura, la empresa despliega sus alas y lanza cada año nuevos productos o servicios innovadores.

Sin embargo, los comienzos no fueron fáciles. El modelo de negocios de Amazon es poco habitual y, de hecho, esto es algo que preocupa a los inversores al principio. No obstante, cuando la «burbuja de internet» estalla a principios de siglo

XXI debido a una sobreestimación bursátil de las jóvenes empresas de tecnología —provocando la destrucción de numerosas empresas de comercio electrónico—, Amazon sobrevive y logra obtener sus primeros beneficios en el último trimestre de 2001: 5 millones de euros, lo que equivale a un céntimo por acción en un volumen de negocios de más de mil millones de dólares. Aunque es modesto, este margen sirve para demostrarle al mundo y a los más escépticos que este modelo de negocios tan poco convencional podía tener éxito.

Aunque hoy en día podemos encontrar de todo en Amazon («la tienda más grande del mundo»), al principio esta empresa solo vendía libros en papel. Después se diversificó y comenzó a vender productos electrónicos (CD, DVD, *software*, cámaras de fotos, videojuegos, equipamiento para el hogar, etc.), contenidos digitales (libros electrónicos, videos y música en línea, etc.) y aparatos electrónicos propios (lectores de libros electrónicos Kindle, el teléfono inteligente Fire Phone, etc.). También ha lanzado su gama de servicios en la nube (Amazon Web Services). Con el tiempo, Amazon ha adquirido y comprado participaciones en más de 60 empresas distintas, y ha desarrollado su página web en los cuatro continentes.

<u>Datos principales</u>

- **¿Fundador?** Jeff Bezos (emprendedor estadounidense, 30 años).
- **¿Creación de la empresa?** El 5 de julio de 1994 en Seattle, Washington (Estados Unidos).
- **¿Lanzamiento comercial?** Julio de 1995 en el mercado estadounidense.
- **¿Sector de actividad?** Comercio electrónico en línea (*e-commerce* en inglés).
- **¿Cifras clave?**
  - El volumen de negocios de Amazon se ha multiplicado por 420 desde sus inicios, llegando a cerca de 90 mil millones de dólares en 2014.
  - En 2013, Amazon contaba con 237 millones de usuarios, en comparación con los 270 millones en 2014 y los 300 millones en 2015. Su número aumenta a un ritmo de alrededor de 30 millones por año desde el 2009.

- En el año 2017, Amazon está presente en 14 países: <u>los Estados Unidos</u> (1995), <u>Alemania</u> (1998), <u>Reino Unido</u> (1998), <u>Francia</u> (2000), <u>Japón</u> (2000), <u>Canadá</u> (2002), <u>China</u> (2004), <u>Italia</u> (2010), <u>España</u> (2011), <u>India</u> (2012), <u>Brasil</u> (2012), <u>México</u> (2013), <u>Australia</u> (2013) y <u>los Países Bajos</u> (2014).

INICIOS: LA IDEA DE UNA LIBRERÍA EN LÍNEA

LOS AÑOS JÓVENES DE JEFF BEZOS

La infancia de Jeffrey Bezos (nacido en 1964) ya anuncia el alto potencial y la obstinación que caracterizarán al intrépido hombre de negocios en el que se convertirá. Nace en el estado de Nuevo México en los Estados Unidos de los años sesenta, y es criado por su madre y por su padre adoptivo, de origen cubano y cuyo apellido hereda. Es un alumno brillante que sueña con convertirse en un ingenioso inventor. Con tan solo 8 años y después de aprobar una prueba de aptitudes, sus padres le inscriben en la escuela primaria River Oaks en Houston (Texas) para seguir el programa Vanguard (programa educativo texano para niños superdotados). Durante su adolescencia, manifiesta y desarrolla un gran talento para conceptualizar y crear todo tipo de *gadgets* y de robots.

En el instituto, Bezos recibe varias veces el premio al mejor estudiante en Ciencias y en Matemáticas —de hecho, el director del centro aprovecha cualquier ocasión para ponerle como ejemplo ante los visitantes—. Cuando una empresa local permite a un grupo de alumnos del centro utilizar unos ordenadores sobrantes, Bezos encabeza ese grupo y aprovecha para dar sus primeros pasos en el mundo de la programación informática.

> «Me di cuenta de que me motiva mucho la gente que cuenta conmigo. Me gusta que cuenten conmigo»[1] (Lashinsky en Stone 2013).

---

1. Cita traducida por 50Minutos.es

Bezos, marcado por un fuerte espíritu competitivo desde su adolescencia, se supera constantemente y es el primero de su promoción en el instituto. Es el encargado de pronunciar el discurso tradicional de final de estudios ante la asamblea, y ya expresa su deseo de conquistar el espacio y su voluntad por preservar la Tierra y sus recursos naturales imaginando un futuro en la órbita espacial para la raza humana.

BLUE ORIGIN: CUANDO JEFF BEZOS PARTE A LA CONQUISTA DEL ESPACIO

Blue Origin es una empresa creada por Jeff Bezos en el año 2000, es decir, dos años antes de SpaceX o de Virgin Galactic —empresas que también están activas en el ámbito de la astronáutica—, que trabaja en el desarrollo de cohetes con motor suborbital. El vuelo suborbital consiste en aumentar la velocidad de propulsión del motor espacial para que pueda mantenerse en órbita y estabilizarse cuando llegue al espacio. Esta práctica permite reducir considerablemente los costes relacionados con el carburante de la nave, ya que la velocidad de desplazamiento es más lenta y proviene de la fuerza de su propulsión.

A continuación, ingresa en la prestigiosa Universidad de Princeton (Nueva Jersey) con la intención de realizar estudios de Física. Al final finaliza sus estudios en 1986 con dos diplomas en el bolsillo: el de Informática y el de Ingeniería Eléctrica.

UN JOVEN HOMBRE DE NEGOCIOS

Jeff Bezos vive sus primeras experiencias profesionales en Wall Street. Primero trabaja para Fitel (de 1986 a 1988), una empresa emergente activa en las redes de telecomunicaciones destinadas a las transacciones monetarias, antes de acabar en D. E. Shaw & Company (DESCO, creada en 1988 por David E. Shaw, nacido en 1951), un fondo de inversiones especulativo especialmente innovador que redefine el sector: informáticos elaboran fórmulas matemáticas complejas para lograr calcular las estimaciones y las fluctuaciones del mercado de finanzas.

Jeff Bezos se forja su visión de las cosas en materia de gestión de empresas durante su estancia en los despachos de DESCO (de 1988 a 1993). Es un hombre muy meticuloso, preciso, metódico y disciplinado que anota concienzudamente cualquier dato nuevo que aprenda sobre la estrategia de investigación y de desarrollo de la empresa para estar seguro de no perderse nada. Aprende mucho de esta experiencia profesional y, además, su director general será para Bezos una fuente de inspiración en el sentido en que el pensamiento de este último es visionario, creativo y valiente. En esta época, Bezos y algunos de sus compañeros, entre los que se encuentra el propio David Shaw, comienzan a imaginar una tienda en línea en la que se pueda encontrar de todo, pero no desarrollan el proyecto.

JEFF BEZOS Y DAVID SHAW

Al parecer, el dirigente de DESCO no recluta exclusivamente a hombres de finanzas, el contrario de lo que podríamos pensar, sino que también contrata a matemáticos y a brillantes expertos científicos que cuenten con buenas referencias. Jeff Bezos, muy apreciado por el fundador de la empresa debido a su talento, a su inteligencia y a su ambiciosa personalidad, se convierte ense-

Esta bonita carrera en el reino de los negocios llega a su fin cuando una simple lectura —la de un artículo sobre el potencial de la economía desarrollada en internet— cambia de repente el curso de su vida.

SE FORJA LA LEYENDA

Corre el año 1994. Jeff Bezos tiene 29 años e internet da sus primeros pasos: existen apenas 500 páginas web y el comercio en línea es prácticamente inexistente. A su vez, son muchos los expertos del mundo de las finanzas que ya en esta época prevén una renovación del comercio minorista. En 1992, una librería en línea, Book Stacks, hoy conocida como Books.com, se lanza a la aventura y se establece en este prometedor mercado.

INTERNET

El proyecto de internet (que aparece en los años sesenta) nace en el Departamento de Defensa de los Estados Unidos, que con esta iniciativa desea estar seguro de que todos sus datos informáticos se encuentren guardados en un lugar seguro en caso de emergencia. Con el paso del tiempo, la red se desarrolla y es adoptada por el Gobierno estadounidense primero, y más tarde por los investigadores universitarios con el fin de intercambiar datos y mensajes. La democratización de internet y su uso comercial no aparecerán hasta los años noventa.

Bezos, que se da cuenta del potencial comercial de esta increíble revolución, redacta una lista con los 20 productos que, según él, deberían poder adaptarse a la venta en línea, dicho de otra manera, aquellos para los que internet aportaría una plusvalía en relación con la distribución tradicional. El libro se sitúa en el primer puesto, por encima de la música, los videos, los ordenadores y el *software*, ya que su puesta en venta es especialmente ardua (sobre todo debido a la indexación de cada título) y conlleva mucho tiempo. Sin embargo, el comercio electrónico ofrece la posibilidad de crear una oferta mucho más amplia que la que ofrecen las librerías clásicas: elimina los puntos negativos de la venta física y permite contactar con mayor facilidad con un número ilimitado de clientes.

Bezos vuela a Los Ángeles con la cabeza llena de preguntas para asistir a la American Booksellers Convention (la «Convención Anual de Libreros Americanos») para aprender más sobre las dinámicas del sector del libro. Muy impresionado por los avances realizados en el ámbito, se entera de que la principal librería estadounidense, Barnes & Noble (impresor desde 1873 y librería a partir de 1917), ya ha redactado un inventario electrónico de los títulos que distribuye.

A pesar de algunos miedos relacionados con la seguridad del empleo, decide abandonar su puesto en DESCO —que estaba muy bien remunerado— para lanzarse a un sector que conoce poco pero en el que ve que existe una oportunidad que hay que aprovechar. Con su mujer, MacKenzie Bezos, elige instalar la sede de su nueva empresa en Seattle, la cuna de Microsoft (creada por Bill Gates, nacido en 1955, y Paul Allen, nacido en 1953). No se trata de un gesto irracional, sino de una elección estratégica, ya que la ciudad se sitúa a seis horas por carretera de Roseburg (Oregón), la guarida del eje principal de libros de los Estados

Unidos de la época, Ingram Industries (creada en 1978 por E. Bronson Ingram II). Además, la ciudad está llena de informáticos talentosos que se convertirán —algunos— en sus futuros empleados. Con 10 000 dólares en el bolsillo, a los que se añaden unos 100 000 dólares invertidos por sus padres, monta su empresa emergente en un garaje. Jeff Bezos escribe la primera página de la historia de Amazon, que continuará un poco más tarde con el lanzamiento oficial de su librería en línea en 1995.

¿DE DÓNDE PROCEDE EL NOMBRE «AMAZON»?

Antes de decidirse por «Amazon», Jeff Bezos había pensado en otros nombres, algunos de los cuales han sido patentados:

- Awake.com («despertar»);
- Browse.com («navegar por internet»);
- Bookmall.com («galería comercial de libros»);
- Cadabra («nombre con sonoridad mágica»);
- Aard.com, una palabra neerlandesa que ofrece la ventaja de empezar por la

primera letra del alfabeto, lo que hace que sea más visible en los anuarios (en la época, era común clasificar las páginas web por orden alfabético);
- Relentless («implacable»). Aunque a sus amigos les parece un término siniestro, el matrimonio Bezos lo registra en septiembre de 1994 y conserva el nombre del dominio. Todavía a día de hoy, escribir Relentless.com te redirige a Amazon.com.

Finalmente, Bezos decide llamar «Amazon» a su página web en referencia al Amazonas, el río más largo del mundo y que atraviesa el norte de Brasil a lo largo de más de 6000 kilómetros. Guiado por su ambición, intenta imponer su proyecto de convertirse en la librería más grande del mundo —algo que logrará enseguida— y no le da miedo asociarse a la imagen poderosa al tiempo que exótica del célebre río.

Desde el año 2000, el logo de la multinacional está formado por la palabra «Amazon» y una flecha anaranjada que va desde la A a la Z, dibujando una sonrisa que remite simbólicamente a la satisfacción del cliente. Antes, el logo representaba al río de manera estilizada.

Logos de Amazon

DESARROLLO DE LA EMPRESA

PALABRAS CLAVE

- <u>Computación en la nube</u>: infraestructura de almacenamiento de datos digitales en línea consultable desde cualquier soporte conectado a internet. La computación en la nube o *cloud computing* sirve para salvaguardar datos personales en una plataforma en línea.
- <u>Libro electrónico</u>: también conocido como libro digital o *e-book*. Se edita y se difunde en versión digital, lo que permite al usuario descargarlo, almacenarlo y consultarlo en un lector de libros electrónicos (el Kindle de Amazon, por ejemplo), en una pantalla o en una tableta.
- <u>Kindle</u>: lector de libros electrónicos creado por Amazon, que se parece a la tableta táctil debido a su formato.

- <u>Larga cola</u>: principio económico que se refiere a la estrategia consistente en proponer y vender una gran diversidad de productos, cada uno en una pequeña cantidad (expresión popularizada en 1994 por Chris Anderson, periodista nacido en 1961).
- *Marketplace*: espacio digital en el que particulares pueden vender sus productos directamente a los usuarios.
- <u>NASDAQ</u> (siglas en inglés de la Asociación Nacional de Agentes Operadores de Acciones según Cotizaciones Automáticas): segundo gran mercado bursátil de los Estados Unidos, que reagrupa índices de empresas cotizadas en bolsa (a menudo activas en el sector IT, como Apple, eBay, etc.).
- <u>Economía en red</u>: nuevas prácticas económicas que proceden de la revolución provocada por el uso de internet.

LA CREACIÓN DE LA EMPRESA EMERGENTE

El 16 de julio de 1995, Amazon.com se lanza oficialmente en la red tras varios meses de prueba necesarios para mejorar la ergonomía y la homogeneidad de la página en distintos sistemas de explotación de los ordenadores. En solo 30 días, sin ayuda de la prensa y sin publicidad, Amazon vende sus primeros libros en 50 estados de los Estados Unidos y en 45 países extranjeros: el boca a boca funciona de maravilla y deja entrever grandes posibilidades de desarrollo. El primer libro vendido en Amazon.com es *Fluid Concepts and Creative Analogies* de Douglas Hofstadter (nacido en 1945). En septiembre de ese mismo año, el volumen de negocios de Amazon llega a los 80 000 dólares.

Incansables, Bezos y su equipo de desarrolladores continúan mejorando la página web introduciendo servicios suplementarios, como el pedido en un solo clic (funcionalidad que facilita la adquisición evitando tener que codificar todos los datos de pago), la verificación de la compra por correo electrónico o incluso la opinión de los clientes. La empresa se desarrolla tan rápido que nadie habría podido imaginar un entusiasmo tal.

Se constata que los primeros usuarios compran manuales informáticos, cómics, libros sobre instrumentos de música antiguos, guías de sexología y todo tipo de ejemplares especialmente difíciles de encontrar en una librería clásica. Por ejemplo, el libro que mejor se vende el primer año es de Lincoln D. Stein (programador informático, nacido en 1960) y habla sobre cómo crear nuestra página de internet. Los pedidos proceden de todas partes y los realizan clientes con perfiles variados. El fenómeno Amazon afecta a todas las capas de la población: desde soldados que se encuentran en misión en el extranjero y que buscan entretenerse hasta personas normales a las que no les resulta fácil acudir a una librería física, pasando por científicos apasionados por libros muy especializados. Amazon se ve como una verdadera mina de oro.

AMAZON COTIZADO EN BOLSA

Desde su salida a bolsa en el mercado de acciones del NASDAQ en 1997, el ascenso de Amazon es fulgurante, pasando de 148 millones de dólares de capitalización bursátil a unos 200 mil millones de dólares en menos de veinte años, con una acción cuyo valor sube una media de 37 % desde su cotización de salida (18 dólares en 1997; unos 440 dólares en 2015).

LA SALIDA A BOLSA

Cuando una empresa necesita capitales para, por ejemplo, invertir o liquidar sus deudas, puede optar por dos soluciones: tomar dinero prestado a bancos o financiarse directamente con inversores que, a partir de entonces, tendrán partes de la empresa.

Para salir a bolsa, una empresa tiene que respetar ciertas condiciones. En primer lugar, debe informar al público del estado de sus finanzas publicando sus resultados trimestrales y, sobre todo, tiene que someterse a las prescripciones del «guardián» de la bolsa. En los Estados Unidos, la Comisión de Bolsa y Valores es la que valida o no la salida a bolsa de una empresa.

Sin embargo, esto no era sencillo, ya que además de lanzar un proyecto con una estrategia comercial diferente, Amazon debe enfrentarse al oscuro episodio de la explosión de la burbuja de internet a principios del siglo XXI, que acaba con un gran número de empresas nacidas del sector tecnológico y de internet. Sin embargo, Amazon logra salvarse, al igual que Yahoo, eBay o AOL. Durante esta crisis económica de gran magnitud, se llega incluso a decir que Jeff Bezos sigue concentrado y que demuestra un gran autodominio, digno de un gran emprendedor. En el superventas dedicado a la trayectoria del padre de Amazon, llamado *La tienda de los sueños. Jeff Bezos y la era de Amazon*, Brad Stone (nacido en 1971) cita por ejemplo las opiniones de uno de los antiguos vicepresidentes del grupo, Mark Britto (nacido en 1964): «Íbamos de aquí para allá por los pasillos devanándonos los sesos. Pero Jeff no»[1]. Incluso dice: «Nunca he visto a nadie tan tranquilo en medio de una tormenta. Es un hombre de hielo»[2] (Stone 2013).

Tras este episodio, Bezos impone una férrea gestión y firma colaboraciones con otras empresas para beneficiarse de algunos de sus servicios y de

---

1. Cita traducida por 50Minutos.es
2. Cita traducida por 50Minutos.es

su tecnología: el gigante del juguete americano Toys'R'us (fundado en 1948) o la cadena de librerías Borders Group (desde 1971). Es un líder inspirador que reafirma su deseo de construir una empresa duradera, capaz de aprender de sus errores y de desarrollar una marca fuerte cuyo principal objetivo sea el de responder a las necesidades de sus clientes.

EL TRIUNFO DE AMAZON

Un modelo de negocio poco convencional

PALABRAS CLAVE

* <u>Modelo de negocio o modelo de empresa</u>: describe con precisión la posición de la empresa, los objetivos de la actividad, los recursos necesarios para poner en marcha los medios necesarios para lograrlos, así como los principios de funcionamiento y los valores de la empresa implicada. Como consecuencia, da cuenta de la estrategia planteada por una empresa

para desarrollar y explotar una ventaja competitiva que pueda crear y generar valor añadido tanto para ella misma como para su cliente.

- <u>Plan de negocios</u>: documento escrito que procede a la elaboración (o a la revisión) del modelo de negocios. Permite formalizar un proyecto de creación de empresa o de lanzamiento de nuevas iniciativas. Reagrupa la definición de la naturaleza de la sociedad, su estrategia de venta y de márquetin, su situación financiera y las previsiones (plazos) de desarrollo necesario para alcanzar los objetivos fijados. Es útil para conseguir fondos, ya que presenta un mensaje concreto y coherente. Así, el modelo de negocios permite sobre todo no pasar por alto ningún aspecto en la elaboración del proyecto.

Aunque hasta la fecha Amazon tenía la reputación de ser una empresa que genera pocos beneficios, o que incluso está en números rojos, hay que confesar que su éxito es rotundo y que ahora bate todos los récords de venta. En un primer momento, su objetivo no era conseguir los máximos beneficios posibles, sino vender lo máximo posible. Por tanto, el equilibrio financiero de la empresa se apoya en el modelo de negocios de la larga cola: se venden muchos productos cada mes, en pequeña cantidad.

Al principio, Amazon llegaba incluso a perder dinero con cada producto vendido, y con razón: todos los libros que se comercializan en la página tienen un descuento del 10 % sobre el precio original; algunos —los que figuran en la categoría *Novedades destacadas*— pueden incluso venderse con una reducción que va hasta el 40 %. La falta de beneficios también se justifica en vista a las inversiones masivas inyectadas en la estructura para lanzarla. Siguiendo esta lógica, una buena parte del volumen de negocios se reinvierte inmediatamente, ya sea para construir nuevos almacenes, ya sea para mejorar el márquetin, la compleja indexación bibliográfica o el servicio de atención al cliente.

Amazon: la pesadilla de los accionistas

Durante los primeros años de explotación de la sociedad, Amazon hace temblar a sus accionarios principales, que temen por sus inversiones al darse cuenta de la estrategia comercial poco cómoda que ofrece la librería en línea. Habrá que esperar al mes de enero de 2001 para entrever por fin un posible retorno sobre la inversión, por muy pequeño que este sea: Amazon anuncia su primer trimestre positivo, con un beneficio neto de 5 millones de dólares, es decir, un céntimo simbólico por cada acción.

Este principio de promoción de los artículos, unido a una estrategia global de reducción de costes para los consumidores, acaba engendrando una dinámica de liderazgo de costes del mercado. Además, la política de venta de Amazon influye poco a poco en el comportamiento de los usuarios, lo que pone en una mala situación a una gran parte de la competencia directa: en efecto, la página propone un gran número de productos y, a la vez, tiene la capacidad de proporcionarlos en grandísimas cantidades. A partir de ese momento, Amazon se encuentra en una posición fuerte y consigue:

- presionar a sus proveedores para comprar sus productos a un precio cada vez más bajo;
- disminuir los costes fijos relacionados directamente con los espacios de almacenamiento y de venta, en la medida en que lo digital permite obtener márgenes importantes y una oferta casi ilimitada;
- reducir los costes vinculados con la entrega y con el almacenamiento, ya que se hacen en grandes cantidades. Además, Amazon posee sus propios depósitos y camiones de entrega, por lo que no tiene la necesidad de utilizar intermediarios, y su margen de beneficios aumenta;
- entrar en los hogares de todo el mundo gracias a su oferta competitiva.

A fin de cuentas, el gigante del comercio en línea consigue sacar partido de las circunstancias favoreciendo la satisfacción de la clientela, ingrediente fundamental que adivina un crecimiento a largo plazo.

Ventas de Amazon 1996-2015

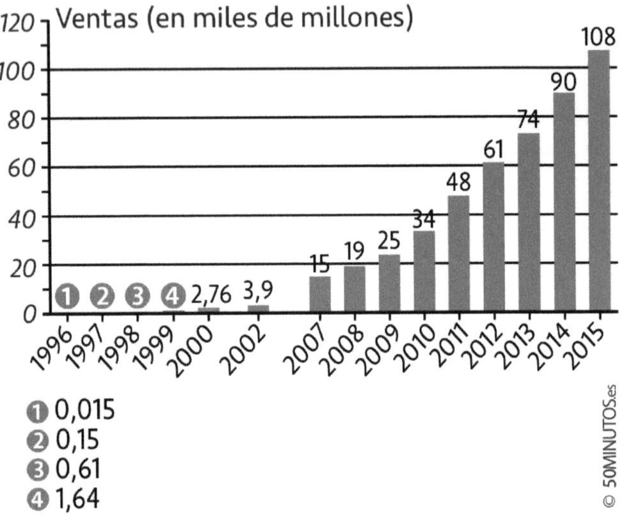

Una ambiciosa estrategia de venta

- **La diversificación**. Jeff Bezos entiende enseguida que para vender más tiene que diversificar su oferta. Por eso, poco a poco, el catálogo de Amazon crece, proponiendo muchos otros productos como ropa, piezas de automóviles, material informático, juguetes, etc. A partir de 1997, el hombre de negocios anuncia su intención de transformar «la librería más grande del mundo» (Lampadia 2017) en «la tienda más grande del mundo» (García 2012). Amazon, que siempre tiene nuevas ideas, lanza entre otros:

∘ el *marketplace* (servicio que permite a particulares vender sus propios productos directamente en la página de Amazon.com) en noviembre de 2000 en los Estados Unidos (2011 en España). En 2014, se había pedido en todo el mundo más de mil millones de artículos a través de este servicio, por un precio que, en total, ascendía a varias decenas de miles de millones de dólares;

∘ la computación en la nube (almacenamiento de contenidos digitales en la web) en 2006, destinada a particulares (Amazon Cloud Drive) y a profesionales (Amazon Web Services);

∘ el primer Kindle en 2007 en los Estados Unidos, comercializado a nivel internacional en 2009.

Así, además de ofrecer los productos más populares, almacenados directamente en sus almacenes, el grupo propone servicios innovadores, únicos y exclusivos. Es evidente que el objetivo de Amazon es el de convertirse en el eje central de todas las compras de los consumidores. Su logo se transforma en el reflejo de esta idea: la flecha que une la A y la Z significa que es posible encontrar de todo en su página web.

- **La experiencia del usuario**. Amazon no le debe su éxito tan solo a una buena idea explotada en el momento justo. Aunque Jeff Bezos se centra en las técnicas de venta, también busca satisfacer al cliente. Al hacerlo, fideliza a sus usuarios, y los más regulares participan así en gran medida en el equilibrio financiero del grupo. Para mejorar constantemente la experiencia del cliente, invierte sin cesar en las infraestructuras logísticas, que garantizan el seguimiento de los pedidos y el servicio de postventa. En 2015, Amazon cuenta con cerca de 300 millones de clientes a los que hay que satisfacer constantemente, ya que sin comprador no hay posibilidades de ingreso. Para lograrlo, la empresa desarrolla muchos métodos, que la competencia a menudo hace suyos —aunque normalmente no con tanto acierto—. Entre ellos, se encuentra:
  ◦ la opinión de los consumidores. Desde 1995, Amazon propone a sus usuarios que dejen su opinión sobre los productos que acaban de

comprar para que los otros clientes puedan tener la seguridad de que son de calidad;

○ las recomendaciones de compra. Amazon es el primero que pone en marcha un sistema de recomendaciones personalizadas para cada usuario, según lo que acaba de consultar o de comprar (por ejemplo, la sección «Los clientes que compraron este artículo también compraron»;

○ la cesta de la compra. Además de haber optimalizado al máximo el proceso de pedido en la página web en términos de seguridad de los pagos, Amazon pone en marcha un sistema de pedido en 1-Clic, rápido y práctico, para evitar que los compradores abandonen su pedido antes de haber validado su cesta.

«Bezos se toma el servicio al cliente tan en serio que deja que estos contacten con él directamente vía correo electrónico» (Russell 2013).

Sin embargo, esta ambiciosa estrategia tiene aspectos controvertidos que podrían provocar problemas en el futuro.

• **El abuso del poder dominante o la estrategia tentacular**. Al diversificar su oferta de servicios y de productos constantemente y al imponerse en todos los mercados, el grupo presiona a las pequeñas empresas para reducir constantemente sus gastos. Este abuso de posición dominante le cuesta un gran número de detractores.

• **La competencia desleal o dumpin**. Esta práctica se refiere a las acciones comerciales poco leales, incluso abusivas, de una empresa hacia la competencia: por ejemplo, el hecho de vender un producto a un precio inferior al coste para fidelizar a la clientela. Tras una medida tomada por el Senado francés en 2014 que impide la gratuidad de los gastos de envío en las ventas de libros a distancia para no hacer daño a las librerías independientes, Amazon.fr consigue eludir la norma proponiendo envíos por un céntimo de euro.

El almacenaje y la entrega

El almacenaje en los almacenes de Amazon

- Amazon dispone de cerca de 110 centros de distribución repartidos por todo el mundo que, en total, suponen más de 7 millones de metros cuadrados. Están cerca de nudos viales en zonas industriales.

- Los productos más pedidos se guardan sistemáticamente en los almacenes, mientras que los menos comunes solo se guardan en algunos.

- El almacenamiento de los productos digitales (música, libros, etc.) se gestiona en los potentes sistemas informáticos de la empresa.

La entrega al cliente

- Plazos cortos entre el pedido del cliente en la página web y la entrega del producto en el domicilio del mismo o en un punto de recogida (de media, los trabajadores de los almacenes logísticos de todos los países llenan los camiones de entrega cada tres minutos).

- En Francia, gastos de envío de 0,01 € para cualquier pedido de productos nuevos (estrategia elaborada para evitar la estricta legislación existente sobre esta cuestión).

- Distribución digital.

- Sistema de seguimiento del pedido disponible.

El éxito de la empresa descansa en parte en su rapidez de entrega (unos dos días laborales). Además, los costes de envío extremadamente reducidos —o incluso gratuitos en algunos casos y con Amazon Prime (Estados Unidos y España) o Amazon Premium (Francia)— para cualquier pedido de productos nuevos son una estrategia innovadora y atrevida.

Por otra parte, el grupo prueba en 2015 un nuevo servicio de entrega por taxi en California. El principio es simple: Amazon pide un taxi que entrega X productos por hora. El objetivo de esta táctica es limitar los gastos de envío, demostrar una mayor flexibilidad y entregar rápidamente para superar a la competencia en la búsqueda de la entrega el día mismo. En diciembre de 2013, Jeff Bezos también presentaba a su público un proyecto de sistema de entrega con drones titulado «Prime Air», en su opinión muy ecológico, pero que se abandona rápidamente debido a que los obstáculos jurídicos, técnicos y de seguridad no permitían su uso a corto plazo.

LA CULTURA DE LA EMPRESA

Mantener el ritmo

En 2015, Amazon emplea a 154 100 trabajadores de todo el mundo, tantos como Google y Apple juntos. Aunque la empresa cuenta con muchos apasionados por las tecnologías y expertos en la red que se dedican en cuerpo y alma al desarrollo de la misma, parecería que la motivación de los inicios se haya visto afectada por los estrictos métodos de gestión impuestos por el presidente, que se preocupa sobre todo de la satisfacción del cliente y del crecimiento de su empresa.

Y es que Bezos establece difíciles objetivos para los empleados. Dichos objetivos se establecen a través de complejas ecuaciones con el fin de medir su nivel de competencias: espera de ellos que siempre den lo mejor de sí mismos, algo que no es simple. A decir verdad, el propio Bezos se impone un ritmo alto y, aunque sea el jefe, el fundador de la empresa y multimillonario, la exigencia y la entrega que muestra para con la empresa siguen siendo sus principales cualidades.

LAS DINÁMICAS DE LOS «EQUIPOS A DOS PIZZAS»

Esta dinámica consiste en formar equipos de empleados de menos de diez personas para limitar las distracciones. Según Bezos, cuantos menos sean, más eficaces serán las reuniones. La imagen de las dos pizzas hace referencia a la cantidad de pizzas necesarias para alimentar a un equipo reducido pero productivo que se quedara hasta tarde trabajando en un proyecto. Estos equipos, en constante competición los unos con los otros, duplican sus esfuerzos constantemente y su ritmo de trabajo es a veces descabellado.

No a los gastos considerados inútiles

Jeff Bezos, un hombre de una determinación que roza lo obsesivo, impone una gestión financiera drástica en la que se prohíbe el menor gasto inútil. Las mesas de oficina son construidas a partir de puertas recicladas y las contribuciones a los gastos de aparcamiento son algunos de sus ejemplos, así como la instauración de una tarjeta de fidelización que permite obtener una bebida gratuita cada diez compras en el lugar de trabajo. Además, aunque es el director ejecutivo de la empresa, insiste en tener también una.

AMAZON EN LA ACTUALIDAD: UN HORIZONTE DESPEJADO PARA EL GIGANTE DE LAS VENTAS EN LÍNEA

PERSPECTIVAS — RESULTADOS Y AJUSTES

Fidelización del cliente

Aunque al principio el modelo de negocios de Amazon se construye sobre una estrategia de beneficios a muy largo plazo, queriendo poner en venta un máximo de productos que de manera individual generan poco beneficio, la otra consigna es reducir el coste de los productos para que el cliente pueda beneficiarse de los gastos de entrega casi nulos, así como de las constantes ofertas. Estos detalles son argumentos de peso para la fidelización de la clientela, lo que garantiza a la empresa unos ingresos regulares.

En efecto, siempre es más fácil —y más barato— conservar clientes mejorando su experiencia que fidelizar a nuevos usuarios.

Para ilustrar esta realidad, recordemos que en 2011 la empresa lanza su tableta (Kindle Fire) a un precio que desafía toda competencia: 199 dólares en el mercado estadounidense. Aunque se venden a un precio inferior al coste, Amazon no tira piedras contra su propio tejado. Al vender su tableta a precio bajo, Bezos busca obtener después beneficios en compras anexas (libros electrónicos, películas, juegos o aplicaciones diversas). En 2013 y gracias a esta estrategia, los Kindle Fire representaban el 33 % del total de las tabletas Android en circulación en todo el mundo (Casey 2013).

Omnipresencia

Con el fin de estar presente en todos los frentes, Amazon procede a la compra —o a la compra de participaciones— de las empresas de sus competidores locales para penetrar en los distintos mercados nacionales. Al hacerse con varias páginas que comercian en los países en los que quiere desarrollarse, Amazon busca el crecimiento internacional. Así, sus distintas adquisiciones le permiten aumentar su visibilidad y, por consiguiente, vender aún más.

A pesar del hecho de que Amazon reinvierte sistemáticamente la mayor parte de sus márgenes a corto plazo para aumentar sus cuotas de mercado, su volumen de negocios continúa progresando una media de un 29 % cada año desde hace una década, mientras que el progreso de su rentabilidad neta en ese mismo periodo es de apenas un 2 % —y estuvo en números rojos en 2012 y 2014—.

Previsiones y resultados

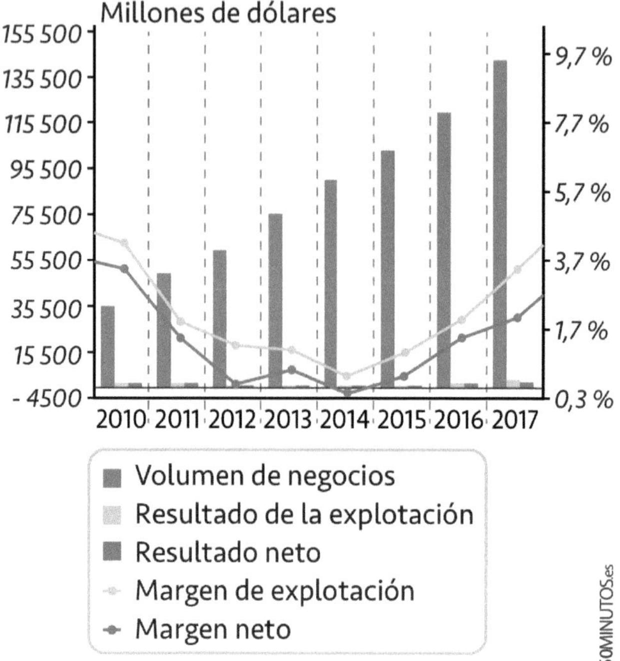

Fuente: Thomson Reuters: ©zonebourse.com

Las columnas azules ilustran su volumen de negocios. Las tendencias de esta gráfica anunciaban ya en 2015 una estimación del beneficio neto en creciente evolución a partir de 2016, lo que significa que Amazon preveía obtener beneficios consecuentes: su estrategia de inversión debería por tanto tener sus frutos y garantizarle un porvenir brillante.

Según estas previsiones, a Amazon le va todo bien: las estrategias de inversión masiva y de compra de competidores ofrecen crecimiento a largo plazo, e incluso podría parecer que nada puede pararla en su conquista del mundo. La empresa no solo consigue diversificarse constantemente, ya que lanza cada año nuevos productos o servicios innovadores, sino que también tiene los medios para hacer daño a la competencia rompiendo los precios de los mercados y ofreciendo un servicio al cliente irreprochable.

DESAFÍOS FUTUROS Y OBSTÁCULOS

A pesar de su buen rendimiento, la tienda que todo lo vende se enfrenta a varios desafíos, a obstáculos que en un momento dado pueden ralentizar su desarrollo si no se toma ninguna medida para remediarlo.

- **La fragilidad económica**. Aunque las perspectivas de futuro sean buenas, Amazon debe continuar diversificando sus fuentes de ingresos para garantizar su perennidad. Por ejemplo, podría inspirarse en un modelo como el de su competidora china Alibaba.com, un *marketplace* que relaciona compradores y vendedores, pero que no se encarga de la gestión de los productos, de su almacenaje y de la expedición de los pedidos; al contrario de lo que hace Amazon, que obtiene la mayor parte de sus ingresos vendiendo y expidiendo ella misma los productos que indexa. Este funcionamiento le aporta a la empresa china una rentabilidad muy superior a la del gigante estadounidense y márgenes de beneficios antes de impuestos de más del 50 %, mientras que en Amazon son nulos o negativos.

- **Los inversores**. Después de haber podido contar con inversiones masivas para desarrollar su estrategia de crecimiento, el grupo debe procurar satisfacer a los accionarios (dividendos) con el riesgo de que pierdan la paciencia y abandonen el barco.
- **Las ventajas fiscales**. Puede que la optimización fiscal sea más difícil de establecer ya que la legislación es cada vez más rígida, sobre todo en Europa. Sin embargo, para que la empresa tenga la imagen de una sociedad íntegra y responsable, Amazon debería dar ejemplo

pagando más impuestos, ya que es el modelo de éxito económico por excelencia.

• **La competencia**. Aunque observamos un refuerzo de la competencia en línea —entre las más ofensivas se encuentran Alibaba.com, eBay o Walmart—, e incluso si el gigante muestra una política de compra masiva de empresas, sus verdaderos competidores siguen siendo las tiendas físicas, ya que muchos consumidores todavía prefieren probar el producto en la tienda y tenerlo inmediatamente después del acto de compra.

• **Los recursos humanos y la gestión**. Para evitar tener que sufrir repercusiones mediáticas perjudiciales para la empresa, Amazon debe instaurar una gestión más respetuosa con sus empleados, de los que siempre se espera un rendimiento óptimo y que, a largo plazo, puede acabar provocando que las personas se desolidaricen del proyecto.

EN RESUMEN

1994
Creación de Amazon

1995
Lanzamiento de la página web
Amazon.com y venta del
primer libro

1997
Salida a bolsa (NASDAQ – 18
dólares)

1998
Apertura de las tiendas de CD
y DVD en Amazon.com

2000
Lanzamiento del marketplace
en Amazon.com

2006
Lanzamiento de Amazon Web
Services y de Amazon Cloud
Drive

2007
Lanzamiento del Kindle en los
Estados Unidos

2009
Lanzamiento de la página web
Amazon.es y del *marketplace*
en España

Llegada del Kindle a España y
lanzamiento de Kindle Direct
Publishing en España

2012
Lanzamiento del primer Kindle
Touch, Kindle Fire HD, Kindle
Fire y Kindle Paperwhite en
España

2013
Lanzamiento del Kindle
Paperwhite (6.ª generación) y del
Kindle Fire HDX

2014
Lanzamiento del Kindle (7.ª
generación), de Fire HD6, de Fire
HD7 y de Fire HDX 8, de la
fórmula Kindle Unlimited y del
servicio de música en *streaming*
de Amazon

2015
Lanzamiento del Dash Button
y del Dash Replenishment
Service en los Estados Unidos

- Jeff Bezos, un emprendedor y un genio, crea Amazon en 1994, dándose cuenta del potencial que ofrece el fulgurante crecimiento que vive internet en los años noventa.

- La empresa emergente sobrevive al crac bursátil de la «burbuja de internet» de principios de los años 2000 y logra sacar beneficio: después de haber convencido —y hecho esperar durante un largo periodo de crecimiento— a importantes inversores, hoy en día alcanza cerca de 200 mil millones de dólares de capitalización bursátil, colocándose así en la lista de las 20 empresas más influyentes del mundo. Las previsiones de beneficio neto son optimistas, y el futuro de la empresa también parece estar asegurado.

- La diversificación de los servicios y de los productos ofrecidos, la satisfacción de los clientes y la innovación permanente son los grandes puntos fuertes de Amazon, que se considera actualmente líder del comercio electrónico con más de 150 millones de referencias disponibles en todo el mundo (datos de mayo de 2015). Amazon —y terceros que comercializan sus productos en Amazon—, que quiere convertirse en «an everything store», propone

hoy en día millones de productos nuevos y de ocasión en categorías como:
- libros;
- cine, TV y música;
- electrónica;
- informática y oficina;
- videojuegos
- juguetes y bebé;
- hogar, jardín, bricolaje y mascotas;
- supermercado, belleza y salud;
- moda;
- deportes y aire libre;
- coche y moto;
- industria, empresas y ciencia;
- *handmade*.

- La estrategia de venta de Amazon, que consiste en proponer todo tipo de productos con los precios más bajos del mercado, es probablemente la clave de su éxito. Este gigante del comercio electrónico sitúa la experiencia del cliente como su máxima preocupación e invierte sin cesar para lograr fidelizar a sus usuarios (infraestructuras logísticas, seguimiento de entregas y servicios de postventa).
- Desde la aparición de la economía en red, el comercio electrónico sigue progresando cada

año a una velocidad fulgurante: el impacto en los puntos de venta físicos es enorme y, a pesar de las medidas tomadas por los Gobiernos para intentar limitar este fenómeno mundial, muchas empresas han quebrado.

• Jeff Bezos juega a varios bandos y a menudo actúa de manera inesperada, como lo demuestra su proyecto de conquista del espacio con el que soñaba desde pequeño, Blue Origin, así como la compra a título personal del celebérrimo periódico estadounidense de línea editorial independiente y centrista *The Washington Post* (creado en 1877).

¡Tu opinión nos interesa!
*¡Deja un comentario en la página web de tu
librería en línea,*
y comparte tus favoritos en las redes sociales!

PARA IR MÁS ALLÁ

FUENTES BIBLIOGRÁFICAS

- Academy of Achievement, "Jeffrey P. Bezos. Inventing E-commerce", 2013. Consultado el 20 de julio de 2015. http://www.achievement.org/autodoc/page/bez0bio-1

- Amazon. 2014. "2013: année record pour la marketplace d'Amazon". *Amazon-presse.fr.* Enero. Consultado el 20 de julio de 2015. http://webcache.googleusercontent.com/search?q=-cache:3NlC19pRuOwJ:amazon-presse.fr/dam/jcr:a3ef7a61-d104-4ed5-9b2f-10490c4e6b96/2013-Anne-record-pour-la-Market-Place-dAmazon(1).pdf+&cd=1&hl=fr&ct=clnk&gl=be

- Amazon Corporate, "Overview", 2013. Consultado el 10 de octubre de 2017. http://phx.corporate-ir.net/phoenix.zhtml?c=176060&p=irol-Mediakit

- AmazonGenious.com, "Timeline History Amazon.com". Consultado el 20 de julio de 2015. http://amazongenius.com/timeline-history-amazon-com/

- Crochet-Damais, Antoine. 2015. "Amazon: 5 milliards de dollars de chiffre d'affaires dans le Cloud". *Journal du Net.* 24 de abril. Consultado el 10 de octubre de 2017. http://www.journaldunet.

com/solutions/cloud-computing/chiffre-d-affai-res-d-amazon-web-services-0415.shtml

- Darmanin, Jules. 2015. "Amazon crée un bouton pour ceux qui en ont marre d'aller sur le Web", *Le Figaro*. 1 de abril. Consultado el 10 de octubre de 2017. http://www.lefigaro.fr/secteur/high-tech/2015/04/01/32001-20150401ARTFIG00097-amazon-cree-un-bouton-pour-ceux-qui-en-ont-marre-d-aller-sur-internet.php

- Degobert, Olivier. 2015. "La personnalisation, l'an 2 de l'e-réservation". *Journal du Net*. 15 de julio. Consultado el 10 de octubre de 2017. http://www.journaldunet.com/ebusiness/expert/61671/la-per-sonnalisation--l-an-2-de-l-e-reservation.shtml

- Deschamps, François. 2015. "Le chiffre d'affaires d'Amazon en hausse de 15 % au premier trimestre 2015". *Ecommercemag.fr*. 28 de abril. Consultado el 10 de octubre de 2017. http://www.ecommercemag.fr/Thematique/cross-canal-1009/strategies-10040/Breves/chiffre-affaires-Ama-zon-hausse-premier-trimestre-2015-254053.htm

- DigoSchool, "La stratégie marketing d'Amazon". Consultado el 10 de octubre de 2017. http://www.marketing-etudiant.fr/marques/amazon-marke-ting.html

- D'Onfro, Jillian. 2014. "14 Quirky Things You Didn't Know About Amazon". *Business Insider*. 10 de mayo. Consultado el 10 de octubre de 2017. http://www.businessinsider.com/amazon-jeff-bezosfacts-story-history-2014-5?op=1&IR=T&IR=T

- Futura Tech, "Cloud Computing". Consultado el 10 de octubre de 2017. http://www.futura-sciences.com/magazines/high-tech/infos/dico/d/informatique-cloud-computing-11573/

- Garcia, Anthony. 2014. "Amazon, sa réussite et ses perspectives d'avenir". *Calameo.com*. Consultado el 10 de octubre de 2017. http://fr.calameo.com/read/0035184406823c44ce8ab

- Gaillat, Benoît. 2010. "Liste des acquisitions d'Amazon depuis 1998". *Info-Ecommerce*. Consultado el 10 de octubre de 2017. http://www.info-ecommerce.fr/1708/liste-des-acquisitions-damazon-depuis-1998

- Guillou, Clément. 2013. "Le petit problème d'Amazon résumé en un graphique". *L'Obs*. 28 de octubre 2013. Consultado el 10 de octubre de 2017. http://rue89.nouvelobs.com/2013/10/28/petit-probleme-damazon-resume-graphique-247014

- Flamant, Benoît. 2015. "La clémence de Wall Street vis-à-vis d'Amazon n'est pas si paradoxale". *Le Monde*. 8 de juin. Consultado el 10 de octubre de 2017. http://www.lemonde.fr/argent/article/2015/06/08/la-clemence-de-wall-street-vis-a-vis-d-amazon-n-est-pas-si-paradoxale_4649483_1657007.html

- Johnston, Casey. 2013. "Kindle Fire Nabs 33 % of Android Tablet Market, Nexus 7 Just 8 %". *Ars Technica*. 28 de enero. Consultado el 10 de octubre de 2017. http://arstechnica.com/gadgets/2013/01/kindle-fire-nabs-33-of-android-tablet-market-nexus-7-just-8/

- Lazerges, Alexandre. 2000. "Histoire d'un géant". *Journal du Net*. 25 de agosto. Consultado el 10 de octubre de 2017. http://www.journaldunet.com/0008/000825amazon2.shtml

- Le Figaro. 2014. "Le géant Amazon perd de l'argent en 2014". Consultado el 10 de octubre de 2017. http://www.lefigaro.fr/secteur/high-tech/2014/07/25/32001-20140725ARTFIG00120-le-geant-amazon-perd-de-l-argent-en-2014.php

- Lesniak, Isabelle. 2014. "Les débuts de Jeff Bezos et d'Amazon". *Les Echos*. 30 de mayo. Consultado el 10 de octubre de 2017. http://www.lesechos.fr/enjeux/business-stories/managemen-t/0203347905121-exclusif-les-debuts-de-jeff-be-zos-et-d-amazon-654961.php

- Malet, Jean-Baptiste. 2013. "Amazon, l'envers de l'écran". *Le Monde Diplomatique*. Noviembre. Consultado el 10 de octubre de 2017. http://www.monde-diplomatique.fr/2013/11/MALET/49762

- Morel, Claire. 2014. "Amazon.fr: L'expérience client doit s'améliorer en permanence". *RelationClientmag*. 9 de octubre. Consultado el 10 de octubre de 2017. http://www.relationclientmag.fr/Thematique/acteurs-strategies-1014/Breves/Amazon-experience-client-doit-ameliorerpermanence-246247.htm

- Naughton, John. 2014. "Amazon's History Should Teach us to Beware 'Friendly' Internet Giants". *The Guardian*. 22 de febrero. Consultado el 10 de octubre de 2017. http://www.theguardian.com/technology/2014/feb/22/amazon-beware-friendly-internet-giants-google-facebook

- Noesser, Julie. "Jeff Bezos (né en 1964), Amazon.com. L'inventeur et le leader de l'e-commerce". *Capital*. 19 de julio. Consultado el 10 de octubre de 2017. https://www.capital.fr/economie-politique/jeff-bezos-ne-en-1964-l-inventeur-et-le-leader-de-l-e-commerce-516487

- Pannell, Dave. 2015. "Has 'Digital' Killed Your Logo?". *Davepannell.com*. Febrero. http://www.davepannell.com/has-digital-killed-your-logo/

- Palmer, Katie M. y Neel V. Patel. 2015. "Jeff Bezos' Blue Origin Just Launched its Flagship Rocket". *Wired.com*. 30 abril. Consultado el 10 de octubre de 2017. http://www.wired.com/2015/04/jeff-bezos-blue-origin-just-launched-flagship-rocket/

- Planet.fr, "Comment Jeff Bezos a eu l'idée de créer Amazon", 2014. Consultado el 20 de julio de 2015. http://www.planet.fr/revue-du-web-comment-jeff-bezos-a-eu-lidee-de-creer-amazon.610687.1912.html

- Russell, Kyle. "9 Interesting Facts About Jeff Bezos From The Big New Amazon Book". *Business Insider*. 18 de noviembre. Consultado el 11 de octubre de

2017. http://www.businessinsider.com/9-new-facts-about-jeff-bezos-2013-11?op=1&IR=T&IR=T

- Stone, Brad. 2013. *Amazon. La boutique à tout vendre*. París: First Interactive.

- Stone, Brad. 2013. *The everything store. Jeff Bezos and the age of Amazon*. Boston: Little Brown & Co Inc.

- The Statistics Portal, "Statistics and Facts About Amazon". *Statista.com*. Consultado el 11 de octubre de 2017. http://www.statista.com/topics/846/amazon/

- Wikinvest, "Amazon.com", 2015. Consultado el 10 de octubre de 2017. http://www.wikinvest.com/stock/Amazon.com_(AMZN)

- Yglesias, Matthew. 2013. "L'histoire de Jeff Bezos, fascinant et inquiétant patron d'Amazon". *Slate.fr*. 12 de noviembre. Consultado el 11 de octubre de 2017. http://www.slate.fr/story/79626/amazon-jeff-bezos

- *Zonebourse*, "Amazon.com", 2015. Consultado el 10 de octubre de 2017. http://www.zonebourse.com/AMAZONCOM-INC-12864605/

FUENTES COMPLEMENTARIAS

- Brandt, Richard L. 2012. *Amazon. Les secrets de la réussite de Jeff Bezos*. París: Telemaque.

- Hichbiah, Daniel. 2014. *Les rebelles numériques.* París: First Interactive.

- Lashinsky, Adam. 2012. "Amazon Jeff Bezos. The Ultimate Disrupter". *Fortune.*

- Spector, Robert. 2000. *Amazon.com.* Quebec: Un Monde Différent.

- Página web de Amazon. http://www.amazon.fr/

DOCUMENTALES

- *24 heures chrono, dans les coulisses des livraisons de colis.* Dirigido por Alexia Sauvageon. Francia: France 5, 2013. https://www.youtube.com/watch?v=U6fKOPnsH4g

- *Amazon. The Truth behind the Click.* Producido por Michael Price. Reino Unido: BBC, 2013. https://vimeo.com/89550831

- "Werner Vogels à propos d'Amazon Web Services et Mechanical Turk", video en YouTube, publicado por "TV Intruders", 19 de diciembre de 2014, https://www.youtube.com/watch?v=1GsPqZ-smec

www.50Minutos.es

ISBN ebook: 9782806299758

ISBN papel: 9782806299765

Depósito legal: D/2017/12603/398

Libro realizado por Primento, el socio digital de los editores